ABC

Découvre ton métier !

Par Josée Lavoie

À Mom et Dad, qui m'ont toujours encouragée à poursuivre mes rêves.

© 2022 par Josée Lavoie

Tous les droits sont réservés. La traduction ou la reproduction de tout extrait de ce livre de quelque manière que ce soit, électroniquement ou mécaniquement et, plus particulièrement, par photocopie et/ou microfilm, est interdite.

ABC Découvre ton métier !
© Texte de Josée Lavoie. 2022
© Illustrations de Josée Lavoie. 2022

Publié par Josée Lavoie

HeyJosee.com

ISBN :
978-1-7781934-1-5 (Livre de poche)
978-1-7781934-7-7 (Couverture rigide)
978-1-7781934-6-0 (Livre numérique)

Première édition, 2022

Quand tu grandiras, tu pourrais devenir dentiste, facteur ou même athlète!

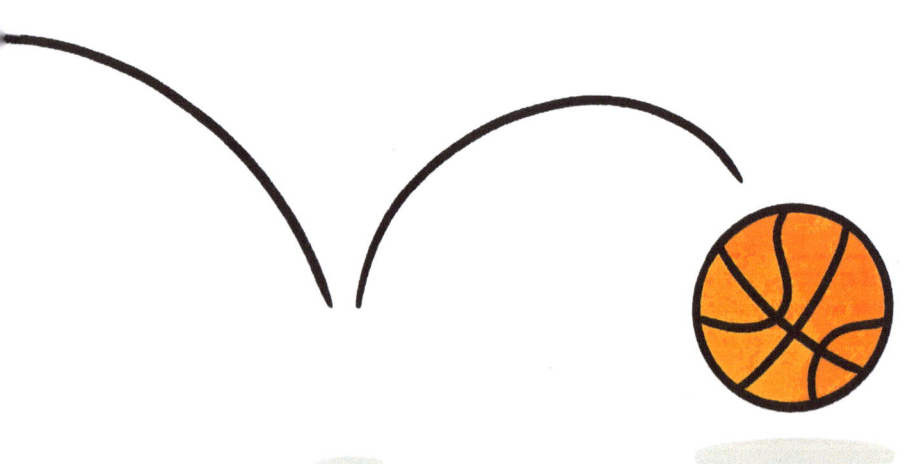

Apprends les lettres de

et découvre ce que tu pourrais devenir !

Aa

Ammar est un artiste.

Bb

Béatrice est une ballerine.

Cc

Charlie est un chef.

Dd

David est un détective.

Ee

Elena est une électricienne.

Ff

Félix est un fleuriste.

Gg

Gloria est une guitariste.

Hh

Hugo est un hockeyeur.

Ii

Imani est une interprète.

Jj

Joey est un jongleur.

Kk

Kayla est une karatéka.

Léo est un linguiste.

Mm

Meilin est une mécanicienne.

Nn

Niko est un ninja.

Oo

Obi est un opticien.

Pp

Penny est une pilote.

Qq

Quincy est un quart-arrière.

Rr

Rachel est une reportrice.

Ss

Samuel est un super-héros.

Tt

Tania est une thérapeute.

Uu

Uzuri est un urbaniste.

Vv

Vanessa est une vétérinaire.

Ww

Wilma est une designer web.

Xx

Xavier est un technicien en rayons X.

Yy

Youssef est un YouTubeur.

Zz

Zoey est une zoologiste.

Maintenant tu connais les lettres de A à Z

As-tu découvert ce que tu voudrais devenir ?

www.ingramcontent.com/pod-product-compliance
Lightning Source LLC
Chambersburg PA
CBHW060823090426
42738CB00002B/90